Fútbol
Grandes momentos, récords y datos

Teddy Borth

Abdo
GRANDES DEPORTES
Kids

abdopublishing.com

Published by Abdo Kids, a division of ABDO, PO Box 398166, Minneapolis, Minnesota 55439.

Copyright © 2017 by Abdo Consulting Group, Inc. International copyrights reserved in all countries. No part of this book may be reproduced in any form without written permission from the publisher.

Printed in the United States of America, North Mankato, Minnesota.

052016

092016

Spanish Translator: Maria Puchol, Pablo Viedma

Photo Credits: AP Images, Corbis, iStock, Shutterstock, © Natursports p.7, © AGIF p.11 / Shutterstock.com

Production Contributors: Teddy Borth, Jennie Forsberg, Grace Hansen

Design Contributors: Laura Rask, Dorothy Toth

Publishers Cataloging-in-Publication Data

Names: Borth, Teddy, author.

Title: Fútbol: Grandes momentos, récords y datos / by Teddy Borth.

Other titles: Soccer : great moments, records, and facts. Spanish

Description: Minneapolis, MN : Abdo Kids, [2017] | Series: Grandes deportes | Includes bibliographical references and index.

Identifiers: LCCN 2016934834 | ISBN 9781680807363 (lib. bdg.) | ISBN 9781680808384 (ebook)

Subjects: LCSH: Soccer--Juvenile literature. | Spanish language materials-- Juvenile literature.

Classification: DDC 796.334--dc23

LC record available at http://lccn.loc.gov/2016934834

Contenido

Fútbol

Alrededor del año 200 a.C. ya se jugaba en China una primera versión de fútbol. La red se ataba a palos de bambú. El fútbol actual empezó en 1863.

El campo

Al campo también se le llama la cancha. Hay campos de fútbol en todos los países del mundo.

Grandes récords

Pelé es de Brasil. Es uno de
los mejores jugadores de
todos los tiempos. Ha ganado
3 Copas Mundiales. Ése es el
récord para un jugador.

8

Brasil

9

Lionel Messi es de **Argentina**.

Ha sido el "jugador del año"

4 veces seguidas.

Argentina

11

El Steaua de Bucarest es un equipo de **Rumanía**. De 1986 a 1989 nunca perdieron un partido. ¡En total 119 partidos seguidos!

Rumanía

13

Ánimo para el número 19

Stiliyan Petrov jugaba para

el **Aston Villa**. Era el capitán.

En 2012 se le diagnosticó un

cáncer. Tuvo que dejar de jugar.

15

Petrov fue a ver un partido.
Los aficionados animaron
en el minuto 19. Estaban
pensando en él. El número
de su **camiseta** era el 19. Los
aficionados todavía le animan
durante los partidos.

16

El auge de Camerún

Camerún es un país en África.
Su equipo de fútbol jugó la
Copa Mundial de 1990. Nadie
pensaba que pudieran llegar
muy lejos.

Camerún

19

Pero Camerún sorprendió a todos. Ganó 3 partidos. Fue uno de los 8 mejores equipos. Era la primera vez para un equipo africano. Esto dio a conocer el buen fútbol africano.

21

Más datos

- Los jugadores de fútbol corren casi 7 millas (11 km) por partido.

- Hay más de 250 millones de jugadores de fútbol en el mundo. Hay más de 3,500 millones de aficionados.

- Martinho Orige de **Brasil** mantuvo un balón de fútbol en el aire. ¡Estuvo 19 horas y 30 minutos! Lo hizo usando solamente la cabeza, las piernas y los pies.

Glosario

Argentina – país de América del Sur.

Aston Villa – equipo de fútbol de Inglaterra. Es uno de los equipos más antiguos. Se formó en 1874.

Brasil – país de América del Sur.

camiseta – uniforme que lleva un jugador. Puede llevar el nombre y el número del jugador.

cáncer – enfermedad muy grave. Células dañinas se reproducen en el cuerpo causando una enfermedad.

Copa Mundial – evento donde equipos de fútbol de todo el mundo juegan entre ellos. Se celebra cada cuatro años.

Rumanía – país de Europa.

23

Índice

abdokids.com

¡Usa este código para entrar en abdokids.com y tener acceso a juegos, arte, videos y mucho más!

Código Abdo Kids:
GSK6924